Cuando sea grande

Escrito por: Barbara Flores, Elena Castro y Eddie Hernandez
Ilustrado por: Michael Ramirez y Mary Ramirez

Cuando sea grande, yo quiero ser dentista. Un dentista les ayuda a todos a mantener los dientes sanos. Por eso cuando sea grande yo quiero ser dentista.

2

Cuando sea grande, yo quiero ser piloto.
Un piloto pilotea los aviones que transportan
gente y productos. Por eso cuando sea
grande yo quiero ser piloto.

Cuando sea grande, yo quiero ser doctora.
Una doctora ayuda a la gente cuando está
enferma. Por eso cuando sea grande
yo quiero ser doctora.

Cuando sea grande, yo quiero ser maestro.
Los maestros enseñan a los niños a leer
y escribir. Por eso cuando sea grande
yo quiero ser maestro.

Cuando sea grande, you quiero ser policía.
La policía ayuda a mantener la paz
en la ciudad. Por eso cuando sea grande
yo quiero ser policía.

Cuando sea grande, yo quiero ser pintor.
Un pintor usa colores para expresar
lo que siente, ve o piensa. Por eso
cuando sea grande yo quiero ser pintor.

Cuando sea grande, yo quiero ser presidenta
La presidenta es la que ayuda a conservar
el país para que vivamos en paz. Por eso
cuando sea grande, voy a ser la presidenta
de este país.

8